Inhaltsverzeichnis

Informationen in Sachtexten und Schaubildern

Knobeln, vermuten und überprüfen

Kombinatorische Aufgaben

Logische Denksportaufgaben

Tabellen und Skizzen

Muster erkennen und räumlich denken

Knobeldreiecke

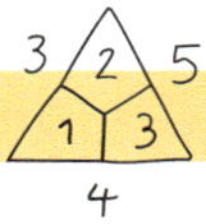

Weißt du noch? So kann man Innenzahlen berechnen:

- Alle Außenzahlen addieren: 140
- Das Ergebnis durch 2 teilen: 70
- Vom Ergebnis eine der Außenzahlen abziehen: 70 − 30 = 40
  So erhält man die dieser Außenzahl gegenüber liegende Innenzahl.

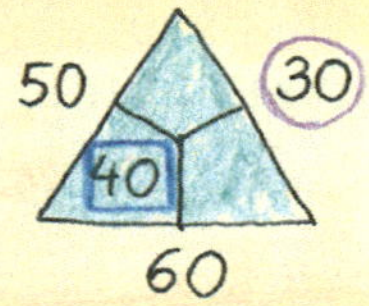

1

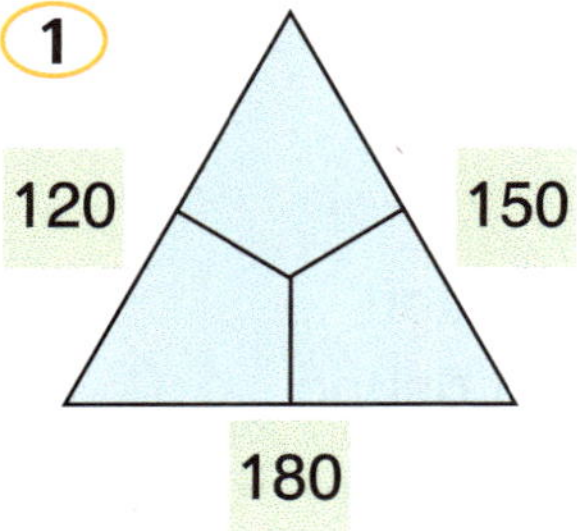

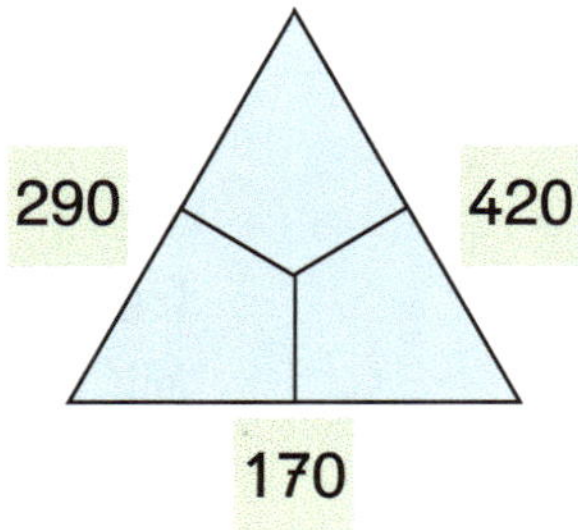

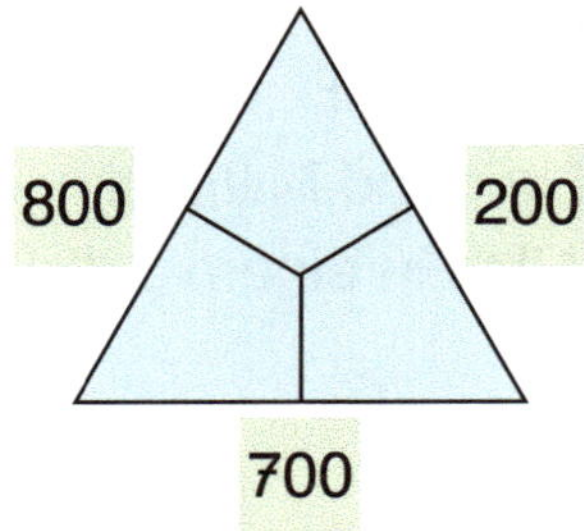

2

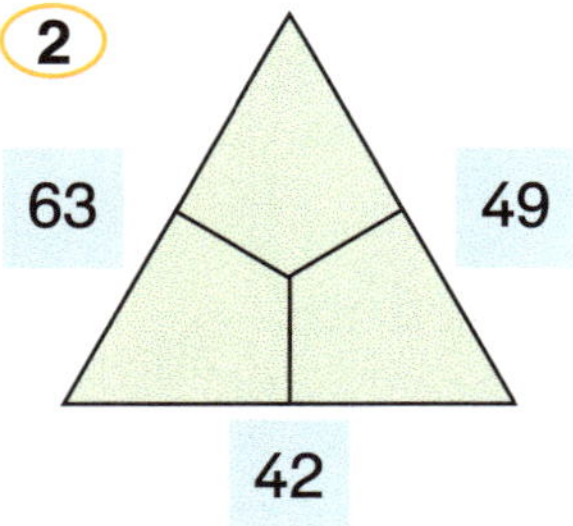

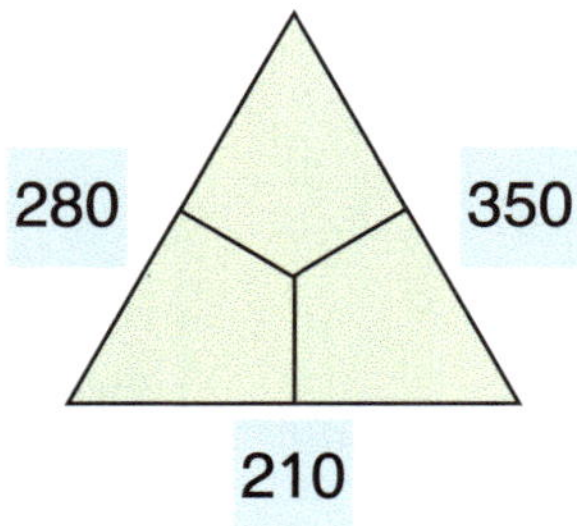

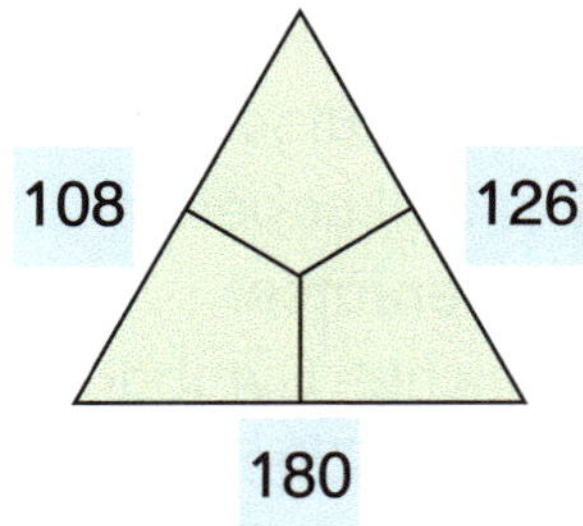

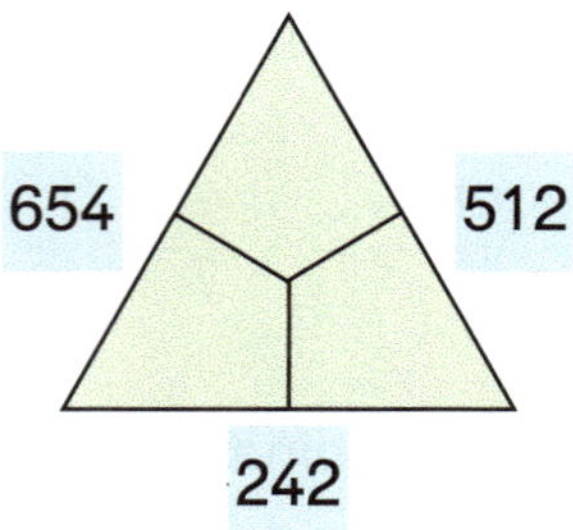

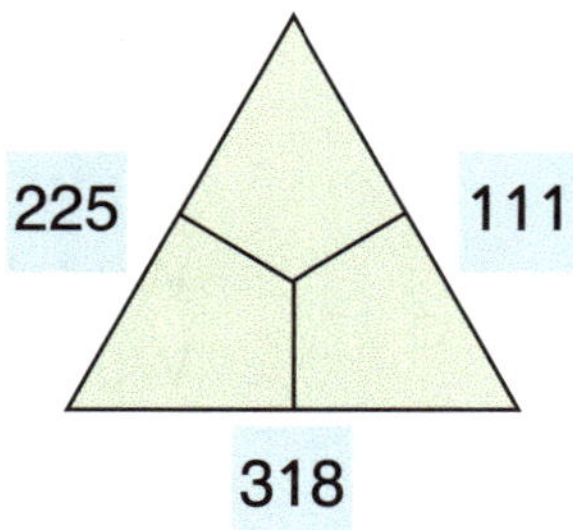

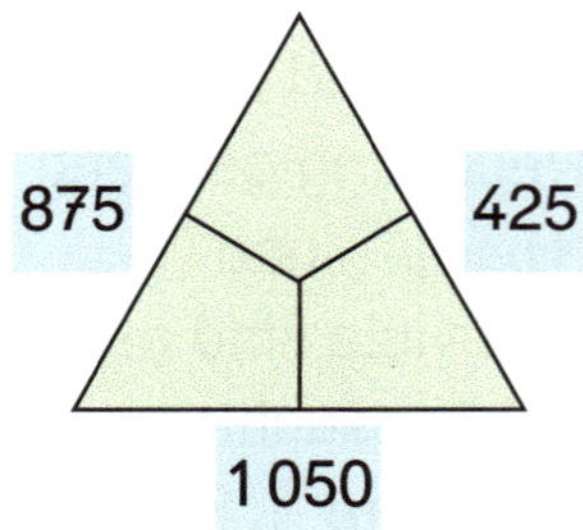

Die kleinste Zahl ist innen,
die größte Zahl außen.

(3) Trage die 6 Zahlen passend in die Dreiecke ein.

a) 25, 55, 75, 80, 100, 130

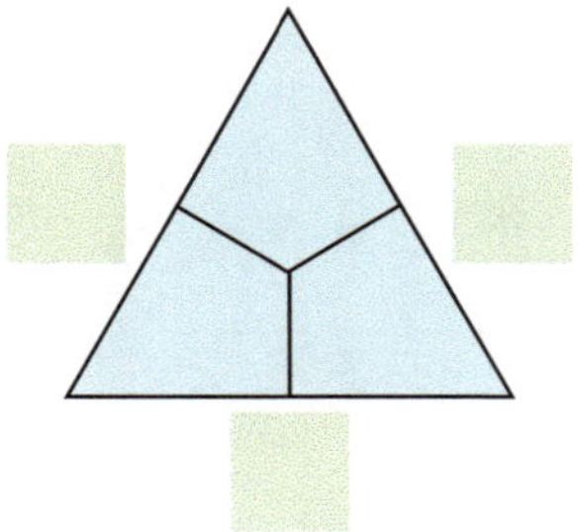

b) 38, 52, 90, 160, 198, 212

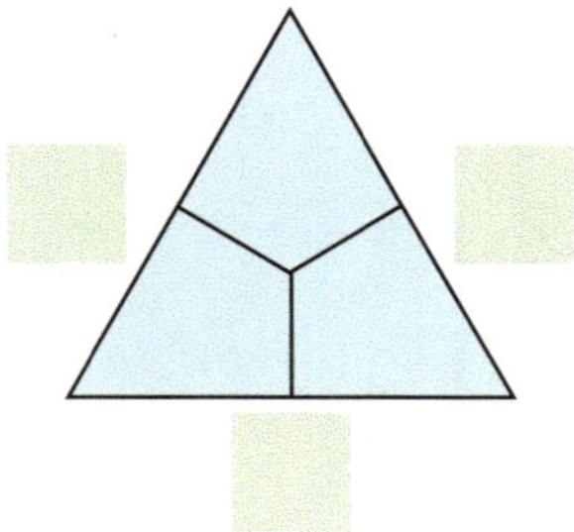

c) 44, 66, 99, 110, 143, 165

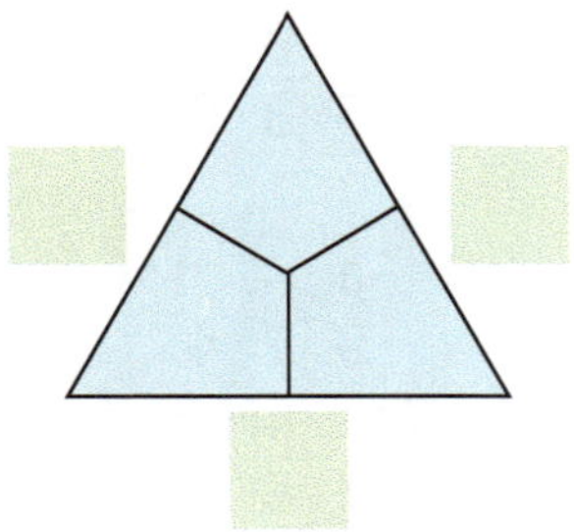

d) 240, 270, 290, 510, 530, 560

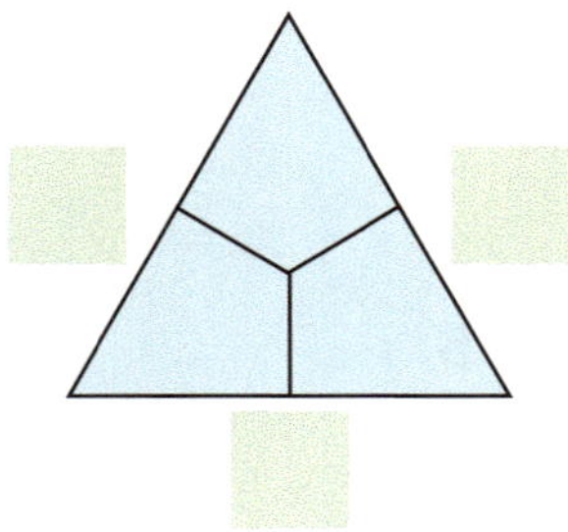

Für Mathe-Super-Stars!

4 Welche 6 Zahlen passen zu welchem Dreieck?
Verwende jede Zahl nur einmal.

30, 40, 45, 50, 60, 65, 70, 80, 90, 105, 110, 125

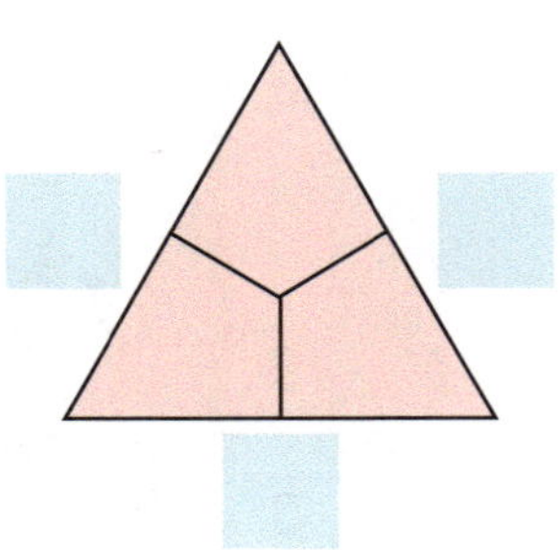

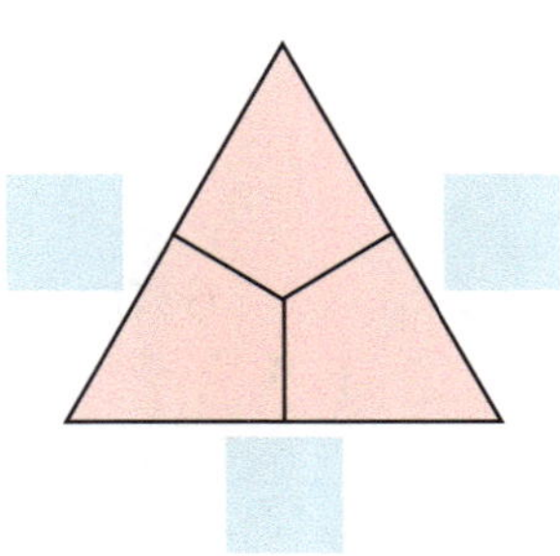

Arbeite mit
einem Bleistift.

Klecksaufgaben

1

			5	
+		9		4
	1	7	8	3

	1	4		7
+		7	2	
			6	2

	1	0	8	
+				1
		0	4	5

			6	
+		2		4
			1	
		5	1	3

	1	1		9
+		7	2	
			3	5

	1			6
+		9	4	
		3	5	2

2

			4	
			~~5~~	
−		3		5
		5	8	9

				7
−		8	0	
		7	1	8

		9		
		~~0~~		4
−	1		9	
		5	3	6

		6	4	
		~~7~~	~~5~~	
−		2	8	9
				9

		9		
	~~1~~	~~0~~	6	
−			7	3
				0

		8		
		~~9~~	2	4
−			4	
	1	1	8	1

3

		3	4	
		2		7
+			1	2
		0	1	7

		5		6
		8	9	2
+			4	
		1	6	3

	1	0		9
		4	4	
+			3	3
		7	6	0

4 **Plus oder minus?**

	0	7	1	
		~~8~~		3
		9	4	6
			7	

			6	3
	1	1		
		7	1	1

			5	
		3		9
		0	8	3

1 Wie geht es weiter?
Finde die Regel und ergänze.

a) 2, 6, 18, 54, ____, ____, ____, 4374.

Regel: ____________________

b) 6, 36, 18, 108, ____, ____, ____, 972.

Regel: ____________________

c) 24, 12, 96, 48, ____, ____, ____, 768.

Regel: ____________________

2 Setze ⊕, ⊖, ⊙ und ⊘ richtig ein.

a)

4 → (12) → (6) → 8

120 → (40) → (10) → 800

180 → (15) → (7) → 5

b)

25 → (4) → (10) → (3) → 70

11 → (8) → (22) → (9) → 101

6 → (12) → (8) → (11) → 20

Familie Fischer startet am 30. August in einen Kurzurlaub. Von ihrer Wohnung nach ________ sind es ca. ________ . ________ machen sie eine Pause von ________ . Sie schaffen in 1 Stunde ungefähr ________ und das Auto verbraucht auf 100 km ________ . Ein Liter Diesel kostet ________ . Für jede Übernachtung bezahlen sie für ____ Erwachsene und ein Kind ________ . Für die Verpflegung geben sie insgesamt ________ aus. Am ________ reisen sie wieder ab.

1 **Setze die Begriffe in den Text ein.**

Florenz	02.09.	2	1,10 €
6 l	550 km	~~30. August~~	80 €
240 €	2-mal	45 min	110 km

2 **Rechne und antworte.**

a) Wie viele Stunden (h) brauchen sie bis Florenz?
Denke an die Pausen.

110 km	1 h
220 km	h

Antwort: Sie brauchen ________ .

b) Wie viele Liter (l) Diesel verbraucht das Auto bis Florenz?

100 km | ______

Antwort: Das Auto verbraucht ______.

c) Wie viel kostet der Diesel für die 550 km?

Dieselverbrauch insgesamt: ______

1 l | ______

Antwort: Der Diesel kostet ______.

d) Wie viel bezahlen sie insgesamt für Verpflegung und Hotel?

30. August bis ______ : ____ Übernachtungen

Antwort: Sie bezahlen insgesamt ______.

e) Wie teuer ist der gesamte Urlaub, wenn sie auch noch 60 € für Museumsbesuche ausgeben?

Antwort: Der gesamte Urlaub kostet dann ______.

Male die Jacken und Hosen der Personen in der richtigen Farbe an.
Schreibe ihren Namen ins richtige Kästchen.

- Dirk hat eine rote Hose an.
- Simon steht nicht direkt am Haltestellenschild.
- Ein Nachbar von Frau Milz trägt eine blaue Hose.
- Eine Person neben Frau Milz trägt eine rote Jacke.
- Die Person mit der braunen Hose hat eine schwarze Jacke an.
- Die Person, die du ganz links siehst, hat eine grüne Jacke an.
- Herr Kuhn steht am weitesten vom Haltestellenschild entfernt.
- Die Person, die am weitesten vom Haltestellenschild entfernt ist, hat eine schwarze Hose an.
- Eine Person hat eine blaue Jacke an.

Male bei den Sportlern die Haare, das Trikot und die Hose in der richtigen Farbe an.
Schreibe auf das Trikot die fehlende Nummer.
Schreibe den Namen ins richtige Kästchen.

- Andreas trägt nicht die Nummer 7 und hat blonde Haare.
- Florian hat eine grüne Hose, ein rotes Trikot und trägt nicht die Nummer 1.
- Martin steht am weitesten von Florian entfernt und trägt eine blaue Hose.
- Der Sportler neben Andreas hat rote Haare und ein weißes Trikot.
- Florian hat braune Haare. Du siehst ihn rechts.
- Auf dem gelben Trikot steht die Nummer 4.
- Der Sportler mit der schwarzen Hose steht neben der Nummer 1.

Zahlenrätsel

1 Bilde aus den Ziffern 3, 5, 6 und 9 die kleinste und die größte 4-stellige Zahl.

a) Bilde die Differenz der beiden Zahlen.
b) Bilde die Summe der beiden Zahlen.

2 Bilde aus den Ziffern 2, 4 und 6 jeweils zwei 3-stellige Zahlen,

a) deren Differenz 162 ergibt.
b) deren Summe 888 ergibt.

3 Bilde aus den Ziffern 2, 4, 6, 7, 8 und 9 zwei 3-stellige Zahlen. Verwende jede Ziffer nur einmal. Bilde die Zahlen so, dass ihre Differenz

a) so groß wie möglich ist.
b) so klein wie möglich ist.

4 Bilde aus den Ziffern 0, 3, 5 und 7 die größte 3-stellige und die kleinste 4-stellige Zahl.

a) Bilde die Summe der beiden Zahlen.
b) Bilde die Differenz der beiden Zahlen.

5 Schreibe die jeweils größte 4-stellige Zahl auf, die nur aus zwei verschiedenen Ziffern besteht und

a) durch 10 teilbar ist. ______

b) durch 5 teilbar ist. ______

c) durch 50 teilbar ist. ______

6 Schreibe die jeweils kleinste 4-stellige Zahl auf, die aus lauter verschiedenen Ziffern besteht und

a) durch 10 teilbar ist. ______

b) durch 5 teilbar ist. ______

c) durch 50 teilbar ist. ______

d) durch 9 teilbar ist. ______

e) durch 7 teilbar ist. ______

Welche Ziffern verstecken sich hinter den Bildern?

1

2

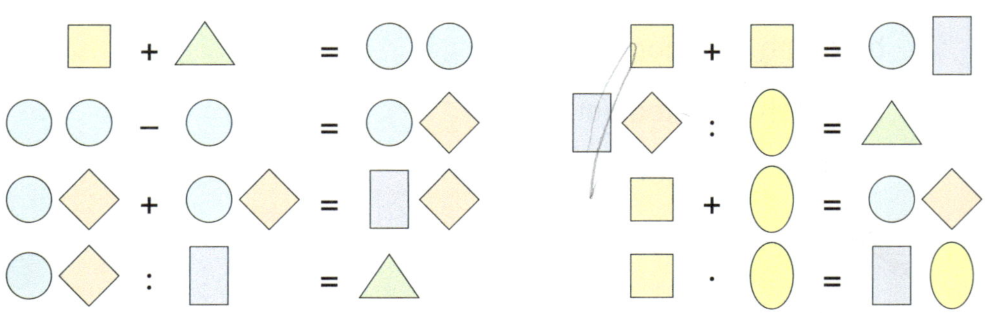

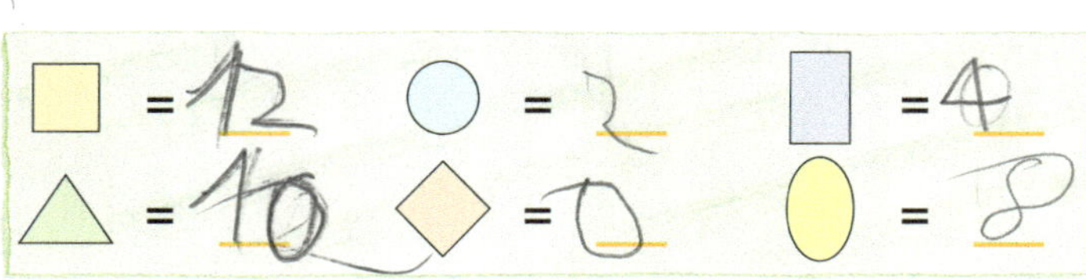

Welche Ziffern verstecken sich hinter den Buchstaben?

1

```
  BAA
+ DAC
-----
 EEBA
```

```
  FBG
+ GBG
  E
-----
 ECHA
```

```
  AFK
+ BGK
  E E
-----
 EDCC
```

```
  LKF
+ AFB
  E E
-----
 EAKD
```

A = ___	B = ___	C = ___	D = ___	E = ___
F = ___	G = ___	H = ___	K = ___	L = ___

Schau dir Stelle für Stelle genau an. Die Gemerktzahlen helfen!

2

```
  g b f
+ g b f
    a
-------
a b f f
```

```
  g f a
+ d a e
    a
-------
a f k f
```

```
  h c c
+ g k c
    a
-------
a a e k
```

a = ___	b = ___
c = ___	d = ___
e = ___	f = ___
g = ___	h = ___
k = ___	

Mir hilft Probieren ...

Herr Maier fährt mit seinem Auto mit einer Geschwindigkeit von 120 km/h, also fährt er in einer Stunde 120 Kilometer.

Wie viele Kilometer fährt er ...

a)

	... in 30 min?		
:2	1 h	120 km	:2
	30 min	___ km	

b)

	... in 10 min?		
:2	1 h	120 km	◯
:3	30 min	___ km	◯
	10 min	___ km	

Beide Seiten musst du bei diesen Tabellen gleich verändern.

c)

	... in 40 min?		
	1 h	120 km	
	30 min	___ km	
·4	10 min	___ km	◯
	40 min	___ km	

1. Möglichkeit

oder

	... in 40 min?		
	1 h	120 km	
+	30 min	___ km	◯
	10 min	___ km	
	40 min	___ km	

2. Möglichkeit

30 min + 10 min = 40 min

d) Rechenzeichen neben der Tabelle: links −, rechts ein leerer Kreis

... in 55 min?	
1 h	120 km
30 min	___ km
10 min	___ km
5 min	___ km
55 min	___ km

In einer Tabelle kannst du $\odot$, (:), $\oplus$ oder $\ominus$ rechnen.

f)

... in 3 h?	
1 h	120 km
3 h	___ km

e)

... in 20 min?	
1 h	120 km
30 min	___ km
10 min	___ km
20 min	___ km

h)

in $1\frac{1}{2}$ h?	
1 h	120 km
30 min	___ km
$1\frac{1}{2}$ h	___ km

g)

... in 25 min?	
1 h	120 km
30 min	___ km
10 min	___ km
5 min	___ km
20 min	___ km
25 min	___ km

Für Mathe-Super-Stars!

i)

... in 45 min?	
___ h	___ km
___ min	___ km
___ min	___ km
___ min	___ km

1 Franz fährt mit einer Geschwindigkeit von 80 km/h, also fährt er in einer Stunde 80 Kilometer.

Wie viele km fährt er …

… in 15 min?	
1 h	80 km

… in $1\frac{1}{2}$ h?	
1 h	

2 Frau Sand fährt mit einer Geschwindigkeit von 60 km/h.

Wie viele km fährt sie …

… in 3 h?	
1 h	

… in 10 min?	
1 h	

3 Eva fährt mit einer Geschwindigkeit von 140 km/h.

Wie viele km fährt sie …

… in 3 min?	
1 h	

… in 45 min?	
1 h	

4 Andreas fährt mit einer Geschwindigkeit von 120 km/h.

Wie lange braucht er …

… für 60 km?	
120 km	1 h
60 km	

… für 30 km?	
120 km	1 h
60 km	
30 km	

5 Paul fährt mit einer Geschwindigkeit von 100 km/h.

Wie lange braucht er …

… für 25 km?	
100 km	1 h

… für 250 km?	
100 km	

6 Herr Schnell fährt mit einer Geschwindigkeit von 160 km/h.

Wie lange braucht er …

… für 40 km?	
160 km	

… für 120 km?	
160 km	

1 **Wie gehen die Reihen weiter? Zeichne jeweils die nächste Figur.**

a)

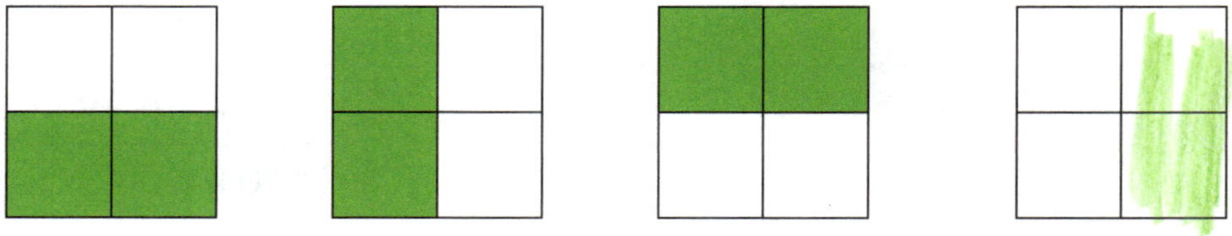

b)

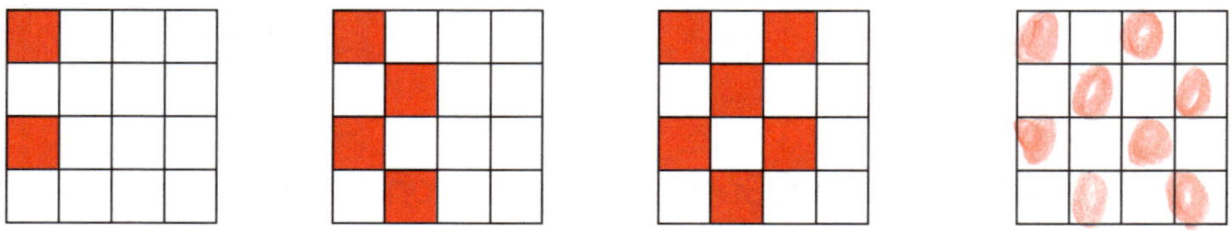

c)

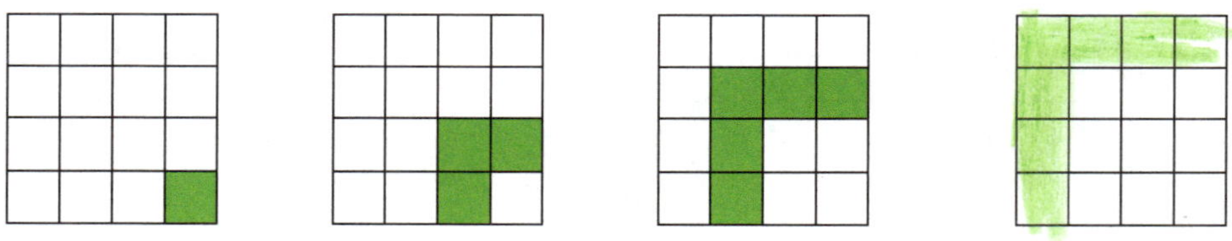

d)

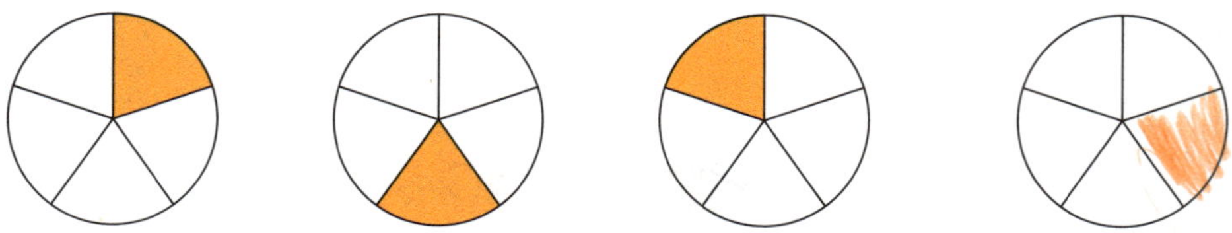

e)

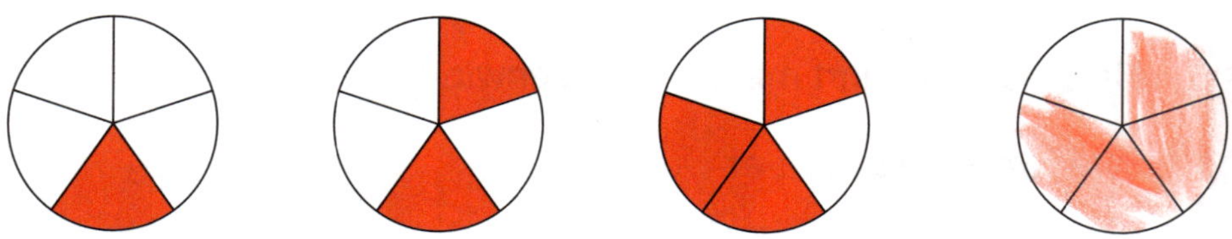

f)

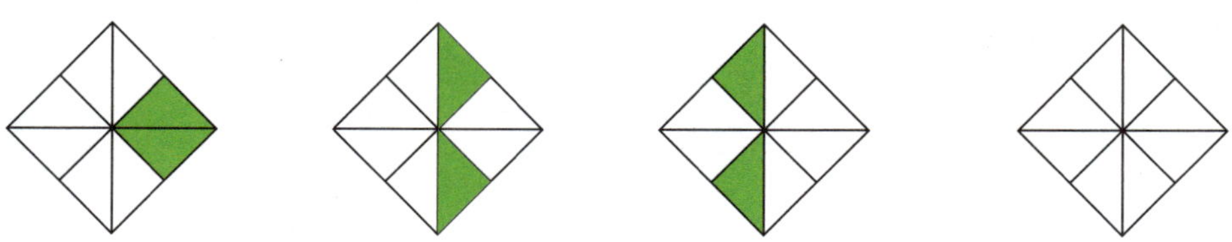

2 a)

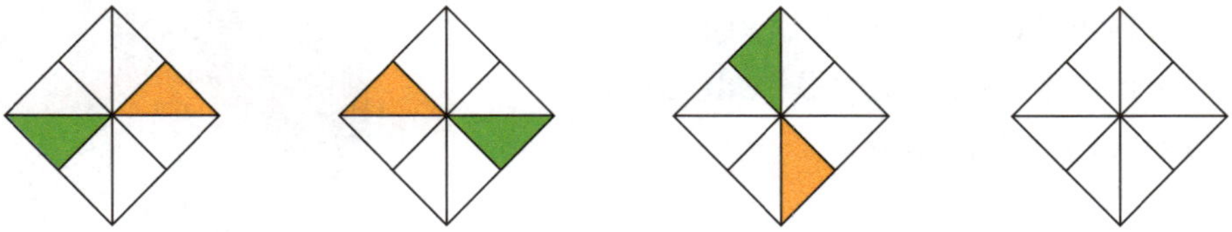

b)

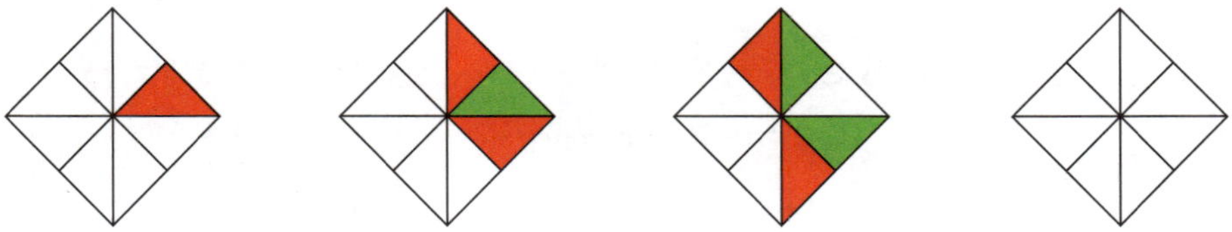

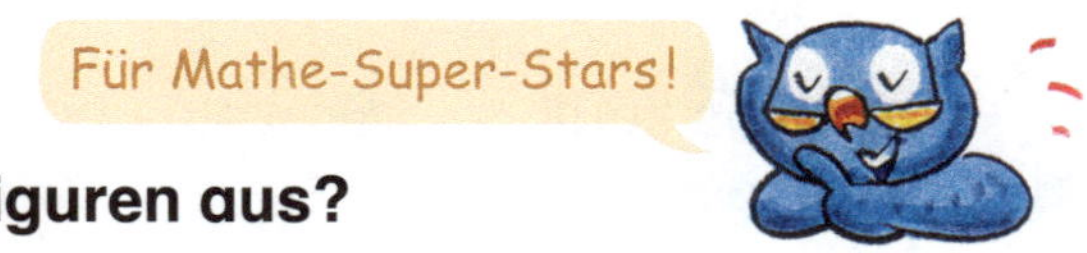

3 Wie sehen die letzten beiden Figuren aus?

a)

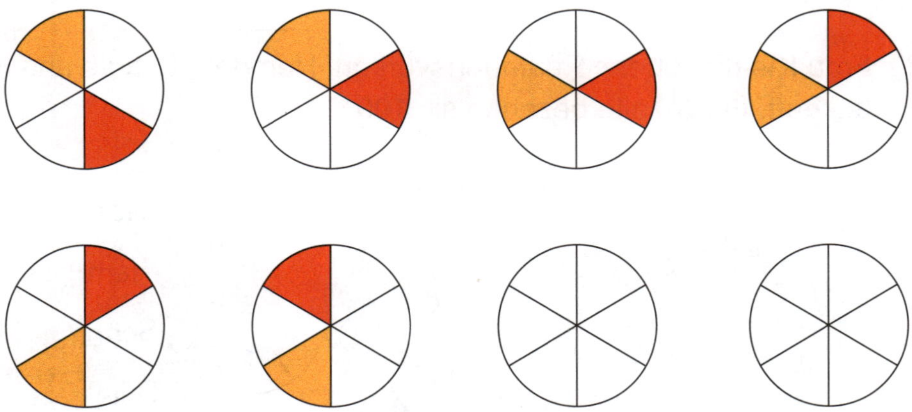

b)

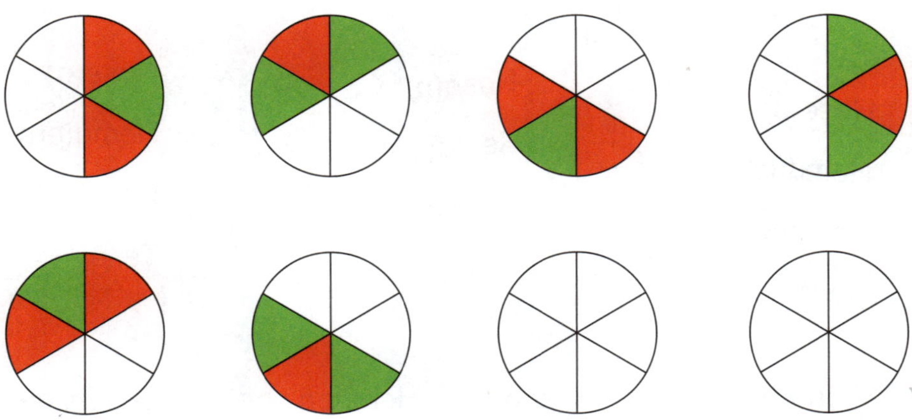

1 Dennis kauft beim Bäcker ein.
Er kauft insgesamt 6 Teile und
bezahlt dafür 6 €.

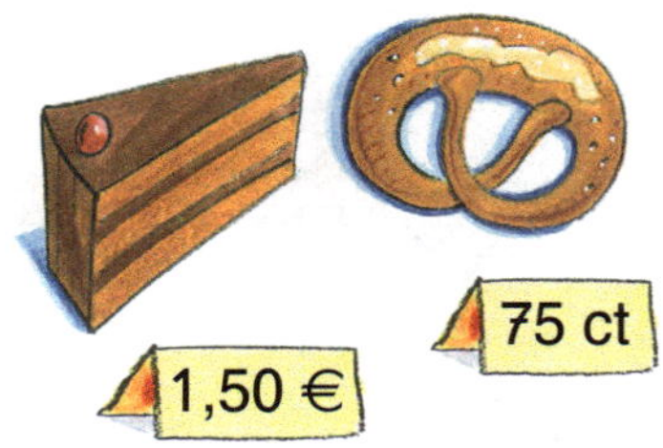

5 Kuchen	7,50 €
1 Brezel	0,75 €
6 Teile	___ €

4 Kuchen	___ €
2 Brezeln	___ €
6 Teile	___ €

___	___	___ €
___	___	___ €
___	___	___ €

Dennis kauft ___ Brezeln und ___ Stück Kuchen.

2 Frau Klein hat beim Räumungsverkauf Hemden, Schals und Hosen gekauft. Für 8 Teile bezahlte sie 100 €.

___	Hose(n)	___ €
___	Hemd(en)	___ €
___	Schal(s)	___ €
___	Teile	___ €

___	Hose(n)	___ €
___	Hemd(en)	___ €
___	Schal(s)	___ €
8	Teile	___ €

___	Hose(n)	___ €
___	Hemd(en)	___ €
___	Schal(s)	___ €
___	Teile	___ €

___	Hose(n)	___ €
___	Hemd(en)	___ €
___	Schal(s)	___ €
___	Teile	___ €

Frau Klein hat ___ Hosen, ___ Hemden und ___ Schals gekauft.

3 Auf dem Wochenmarkt gibt es folgende Angebote zum Stückpreis:

Klaus kauft insgesamt 10 Teile und gibt dafür genau 10 € aus.
Welche Stückzahl hat er von jeder Sorte gekauft?

___	Kürbis(se)	___ €
___	Äpfel	___ €
___	Kartoffeln	___ €
___	Teile	___ €

Die Anzahl der Äpfel muss eine gerade Zahl sein. Beim Preis von 2, 4, 6, ... Äpfeln steht hinten immer eine ___ .

___	Kürbis(se)	___ €
___	Äpfel	___ €
___	Kartoffeln	___ €
___	Teile	___ €

___	Kürbis(se)	___ €
___	Äpfel	___ €
___	Kartoffeln	___ €
___	Teile	___ €

___	Kürbis(se)	___ €
___	Äpfel	___ €
___	Kartoffeln	___ €
___	Teile	___ €

Klaus kauft ___ Kürbis(se), ___ Äpfel und ___ Kartoffeln.

4 **Für Mathe-Super-Stars!**
1 Spiralblock kostet 2 €, 1 Filzstift 50 ct und 1 Heft 30 ct.
Miriam kauft 20 Teile und gibt dafür genau 20 € aus.

___	Spiralblöcke	___ €
___	Filzstifte	___ €
___	Hefte	___ €
___	Teile	___ €

___	Spiralblöcke	___ €
___	Filzstifte	___ €
___	Hefte	___ €
___	Teile	___ €

___	Spiralblöcke	___ €
___	Filzstifte	___ €
___	Hefte	___ €
___	Teile	___ €

Miriam kauft ___ Spiralblöcke, ___ Filzstifte und ___ Hefte.

Rechnung gesucht! ⊕, ⊖, ⊙ und (:)

Addition		Plusaufgabe
addieren	⊕	dazuzählen hinzufügen
Summe		Ergebnis der Addition

Subtraktion		Minusaufgabe
subtrahieren	⊖	vermindern abziehen
Differenz		Ergebnis einer Subtraktion

1. Addiere zur Summe der Zahlen 7094 und 4317 die Zahl 8417.

2. Subtrahiere von der Zahl 24314 die Summe der Zahlen 8643 und 5318.

3. Addiere zur Zahl 36804 die Differenz der Zahlen 22318 und 12407.

4. Addiere zur Differenz der Zahlen 25607 und 17904 die Summe dieser beiden Zahlen.

Multiplikation		Malaufgabe
multiplizieren	$\odot$	vervielfachen malnehmen
Produkt		Ergebnis einer Malaufgabe

Division		Geteiltaufgabe
dividieren	(:)	teilen
Quotient		Ergebnis einer Geteiltaufgabe

5 Bilde aus den Ziffern 2, 4, 7 die größte 3-stellige Zahl. Multipliziere diese Zahl mit 28.

6 Multipliziere die Zahl 624 mit 4 und dividiere das Ergebnis durch 6.

7 Bilde aus den Ziffern 2, 5, 7 und 8 die größte 4-stellige Zahl. Dividiere diese Zahl durch 8.

8 Verdreifache die größte 3-stellige Zahl aus den Ziffern 4, 5 und 7 und dividiere das Ergebnis durch 29.

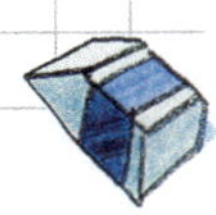

Rechnung gesucht! $\oplus$, $\ominus$, $\odot$ und $(:)$

1. Addiere zur Summe der Zahlen 7 094 und 4 317 die Differenz der Zahlen 6 927 und 4 819.

2. Subtrahiere von der Differenz der Zahlen 24 314 und 11 208 die Summe der Zahlen 4 643 und 5 318.

3. Dividiere die Summe der Zahlen 813 und 649 durch die Differenz aus den Zahlen 408 und 391.

4. Addiere zur Differenz der Zahlen 64 687 und 26 069 die Summe der Zahlen 34 508 und 24 388.

5 Multipliziere die Summe der Zahlen 12 418 und 17 924 mit der Differenz aus den Zahlen 2 386 und 2 297.

6 Subtrahiere von der Summe der Zahlen 36 804 und 29 209 die Differenz der Zahlen 22 318 und 12 407.

Für Mathe-Super-Stars!

7 Multipliziere die Differenz der Zahlen 82 349 und 61 834 mit dem Quotienten aus den Zahlen 731 und 17.

8 Dividiere das dreifache Produkt der Zahlen 36 und 14 durch den Quotienten aus den Zahlen 342 und 19.

Die Figuren sind je aus einem E und einem F zusammengebaut. Male E und F in der richtigen Farbe an.

1

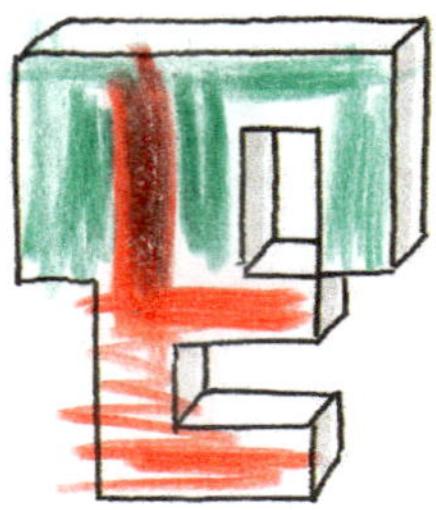

2

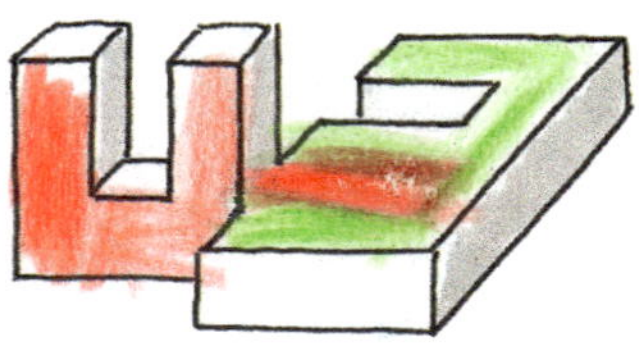

3 **Hier gibt es zwei Möglichkeiten. Findest du beide?**

④ Hier ist neben E und F auch noch ein L eingebaut. Male an.

5 Findest du alle 8 Möglichkeiten?

Ergänze die Skizzen und löse die Aufgaben.

1 Lisa und Jan starten um 9.00 Uhr in Burgdorf zu einer Radtour. Sie radeln in das 5 km entfernte Schwarzberg zu ihrem Freund Leon. Gemeinsam fahren sie 9 km nach Talbach, wo sie um 10.35 Uhr eintreffen. Dort verbringen sie eine Stunde auf dem Spielplatz. Danach radeln sie 6 km nach Kirchhausen. Dafür brauchen sie 25 Minuten. Für die 5 km zurück nach Burgdorf benötigen sie 20 Minuten. Leon verabschiedet sich hier von seinen Freunden und radelt allein nach Hause, wo er 15 Minuten später ankommt.

a) Wann sind Lisa und Jan wieder zurück in Burgdorf?
b) Wie viele km haben die Kinder mit dem Rad zurückgelegt?
c) Zu welcher Uhrzeit ist Leon wieder zuhause?

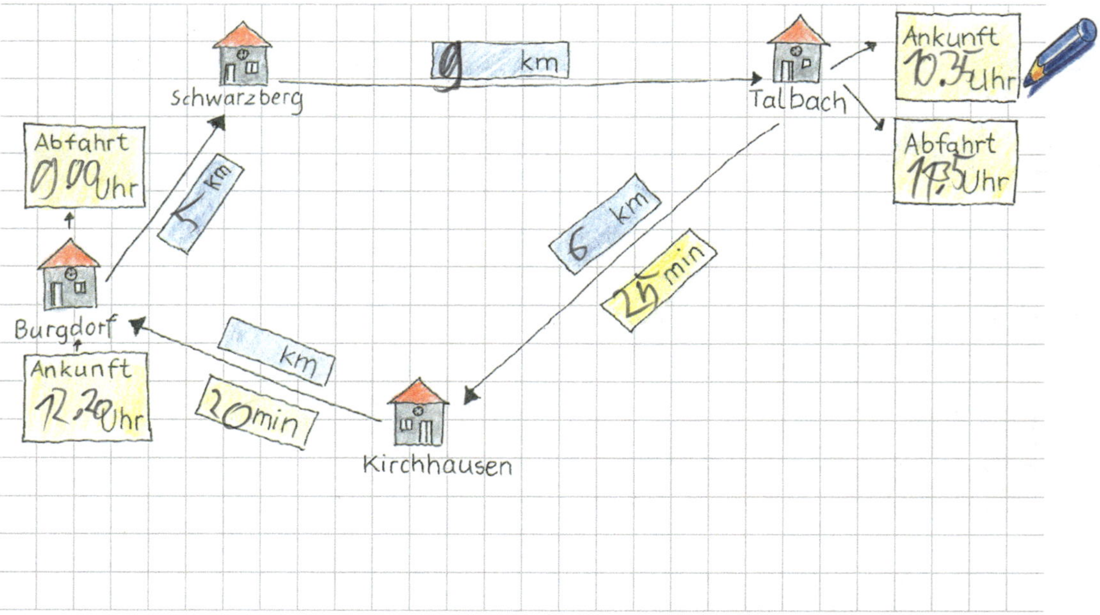

Antworten:

a) Lisa und Jan sind um 12.2 zurück in Burgdorf.

b) Die Kinder haben ______________ mit dem Rad zurückgelegt.

c) Leon ist um ______________ wieder zuhause.

2 Markus und Christian wollen sich an der Sommerrodelbahn treffen. Für Markus sind es 7 km bis dorthin mit dem Rad. Er radelt um 13.50 Uhr von zuhause los und braucht für jeden Kilometer 4 Minuten. Weil er sich noch ein Getränk kauft, muss er die Fahrt für 5 Minuten unterbrechen.
Christian muss 12 km fahren. Er startet um 13.35 Uhr und braucht für jeden Kilometer 3 Minuten und 30 Sekunden.

a) Wann kommt jeder Junge an der Rodelbahn an?

b) Wie lange muss der Erste auf seinen Freund warten?

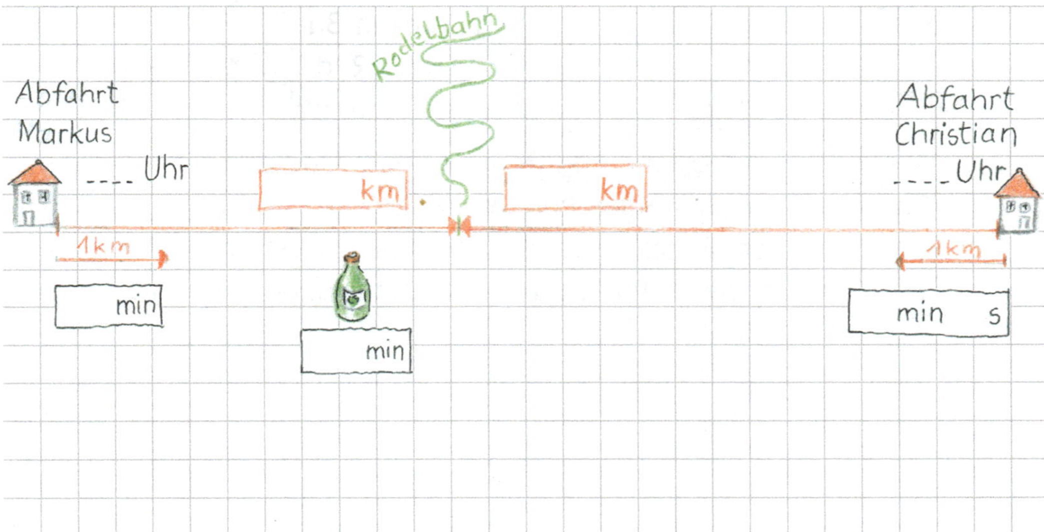

Christian:	
1 km	3 min 30 s

Antworten:

a) Markus kommt um ____________ an und Christian kommt um ____________ an.

b) Der Erste muss ____________ warten.

Zeichne Skizzen und löse die Aufgaben.

(1) Kathrins Familie will am Sonntagnachmittag Tante Lara in Waldberg besuchen.

Kathrin und ich fahren mit dem Rad. Auf dem Radweg sind es 28 km. Wir schaffen etwa 16 km pro Stunde. Für Pausen sollten wir noch 20 Minuten einplanen.

Tim und ich fahren mit dem Auto. Für die Strecke brauchen wir 25 Minuten. Wir werden dann noch tanken und in Omas Garten Blumen für Tante Lara holen. Dafür brauchen wir extra 15 Minuten.

a) Wie lange sind Kathrin und Papa mit dem Rad und Mama und Tim mit dem Auto insgesamt unterwegs?

b) Wann müssen sie spätestens von daheim wegfahren, wenn sie um 15.00 Uhr bei Tante Lara ankommen wollen?

Kathrin u. Papa	
16 km	h

Antworten:

a) Kathrin und Papa brauchen ____________ für den Weg,

Mama und Tim brauchen ____________.

b) Kathrin und Papa müssen um ____________ wegfahren,

Mama und Tim müssen um ____________ wegfahren.

2 Ina und Ben sind sehr sportlich und möchten einen 1500-m-Lauf um eine Wiese machen. Sie holen Vaters langes Maßband und messen die Wiese aus: Länge 85 m, Breite 40 m.
Wie viele Runden müssen sie für 1500 m laufen?

1 R.	m
R.	m

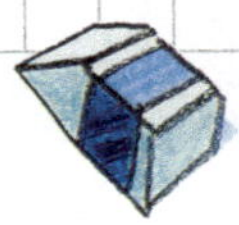

Antwort: Sie müssen ________________ laufen.

3 Anna und Peter sollen für das Spielfest drei Reihen Hütchen am Sportplatz aufstellen. Die Hütchen in jeder Reihe müsssen immer 3 m Abstand voneinander haben und jede Reihe muss 27 m lang werden. Wie viele Hütchen brauchen Anna und Peter, wenn auch am Anfang und am Ende jeder Reihe ein Hütchen stehen muss?

Antwort: Anna und Peter brauchen ____ Hütchen.

4 Patrick ist 1,38 m groß. Jonas ist 14 cm größer als Patrick. Patrick ist 9 cm kleiner als Laura, aber 21 cm größer als Sabine. Wie groß sind die Kinder?

Patrick: ________ Jonas: ________ Laura: ________ Sabine: ________

Wie viele sind es genau?

Tipp: Das 5-Fache und das 1-Fache zusammen sind 6 Teile.

1 Michael denkt sich eine Zahl. Seine Zahl ist 5-mal so groß wie die Zahl, die sich Ramona gedacht hat. Beide Zahlen ergeben zusammen 48.

Michaels Zahl: 40 Ramonas Zahl: 8

2 Im Kino sind 4-mal so viele Kinder wie Erwachsene. Insgesamt befinden sich 320 Personen im Kino.

Im Kino befinden sich 256 Kinder und 64 Erwachsene.

3 Am Sonntag besuchten insgesamt 2420 Personen den Zoo. Unter den Besuchern waren 3-mal so viele Kinder wie Erwachsene.

Am Sonntag besuchten 1905 Kinder und 515 Erwachsene.

Male die Häuser und ihre Dächer in der richtigen Farbe an.
Trage Hausnummern und Namen der Bewohner ein.

Nr. 7	Nr. 5	Nr. 3
Brauns	Mayers	~~Smidt~~ Schmidt

- Familie Brauns Haus hat ein schwarzes Dach.
- Familie Braun wohnt nicht neben Familie Schmidt.
- Familie Mayers Haus ist gelb und hat ein rotes Dach.
- Das Haus Nummer 7 ist blau gestrichen und hat kein braunes Dach.
- Das Haus links im Bild trägt die Nr. 3 und ist weiß.
- Das Haus neben der Nummer 5 gehört Familie Braun.

Flusslängen der Erde (gerundet):

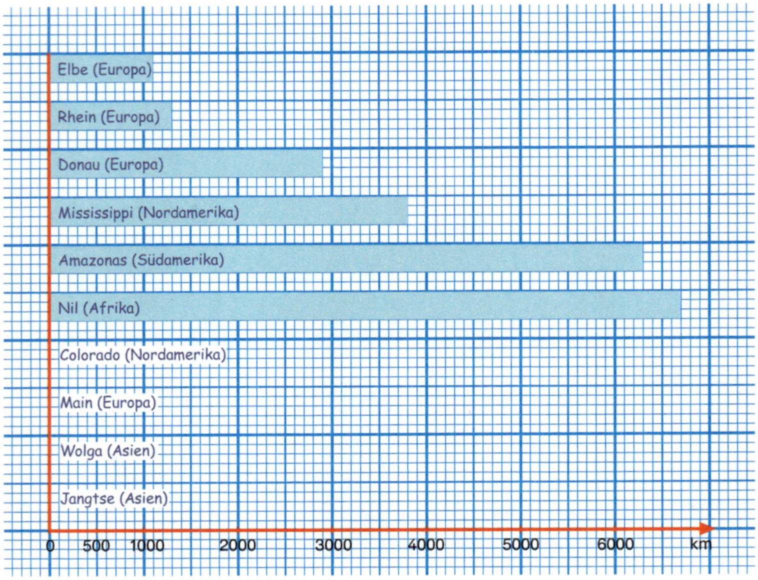

1 Trage diese Flüsse in das Schaubild ein.
Colorado: 1200 km, Main: 500 km, Wolga: 3500 km, Jangtse: 6300 km.

2 Lies das Schaubild genau und beantworte die Fragen.

a) Wie heißt der längste Fluss? ______________________

b) Welcher Fluss ist am kürzesten? ______________________

c) Welche Flüsse sind länger als der Mississippi?

____

d) Welcher Fluss ist 1100 km lang? ______________________

e) Wie lang ist die Donau? ______________________

f) Welche Flüsse haben die gleiche Länge?

____

g) Welcher Fluss ist fast 3-mal so lang wie der Rhein?

____

So viele Zuschauer passen in jedes Fußballstadion (gerundet):

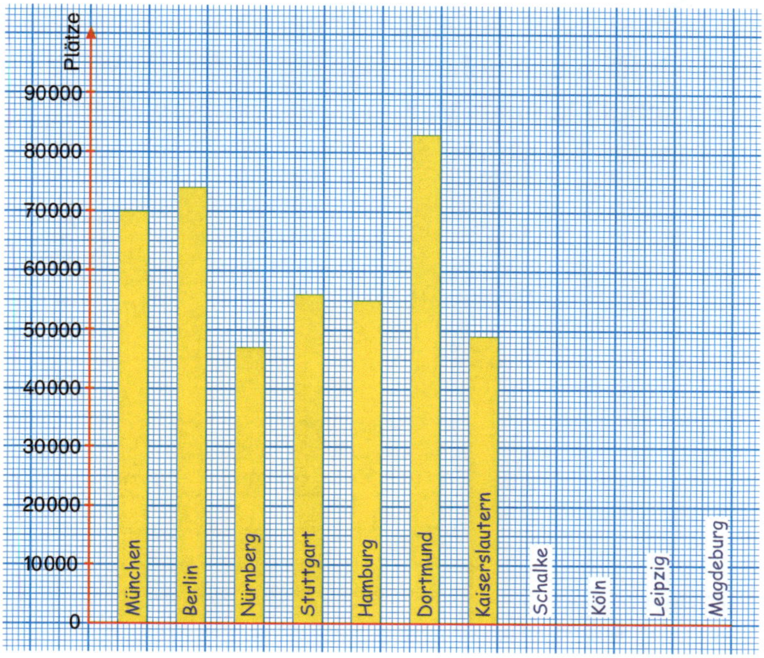

1 Runde auf 1000 und trage die Anzahlen in das Schaubild ein.

Schalke: 61 482 ______ Leipzig: 44 345 ______

Köln: 50 374 ______ Magdeburg: 27 250 ______

2 Lies das Schaubild genau und fülle die Lücken im Text.

In die Fußballstadien ______, ______

und ______ passen die meisten Zuschauer.

Das Stadion in ______ hat am wenigsten Plätze.

Die Stadien in ______, ______ und ______

haben zwischen 50 000 und 60 000 Plätze.

Das Stadion in ______ hat mehr als dreimal so viele

Plätze wie das in Magdeburg.

Mit Skizzen und Tabellen zur Lösung (2)

Zeichne Skizzen und löse die Aufgaben mit Hilfe der Tabellen.

1 Lena und Tom wohnen 6 km voneinander entfernt.
Sie möchten sich treffen und gehen beide um 14.00 Uhr von zu Hause los. Lena schafft in einer Minute 50 m und Tom 70 m.
Um wie viel Uhr treffen sie sich?

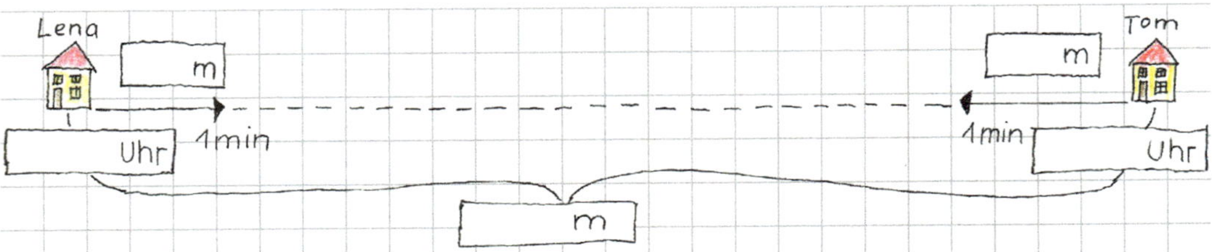

	Lena	Tom	zusammen
1 min	50 m	70 m	120 m
10 min			

Antwort: Sie treffen sich um ________.

2 Lauras Familie und Peters Familie wohnen 55 km voneinander entfernt. Sie möchten sich treffen und radeln aufeinander zu. Sie starten um 9.00 Uhr. Lauras Familie schafft in einer Stunde 18 km und Peters Familie 12 km. Um wie viel Uhr treffen sie sich?

	Laura	Peter	zusammen
1 h			
30 min			
10 min			

Antwort: Sie treffen sich um ________.

3 Die Entfernung zwischen Burgbach und Seetal beträgt 96 km.
Ein ICE startet in Burgbach und schafft 3 km in einer Minute.
In umgekehrter Richtung startet ein Regionalzug in Seetal,
er schafft 1 km in der Minute.
Beide Züge starten gleichzeitig um 11.47 Uhr.

a) Wie viele Minuten nach der Abfahrt begegnen sich die Züge?
b) Um wie viel Uhr begegnen sich die Züge?
c) Um wie viel Uhr ist der Intercity in Seetal?
d) Um wie viel Uhr ist der Regionalzug in Burgbach?

	ICE Zug	Regional-zug	zusammen
1 min			
	30 km		

Antworten:

a) Die Züge begegnen sich ____________ nach der Abfahrt.

b) Die Züge begegnen sich ____________.

c) Der ICE ist um ____________ in Seetal.

d) Der Regionalzug ist um ____________ in Burgbach.

Ein Sudoku ist ein japanisches Zahlenrätsel. Auch das Wort „Sudoku" ist japanisch und bedeutet: „Die Zahl, die allein steht."

So geht es:
In jedem der neun Quadrate müssen alle Zahlen von 1 bis 9 einmal stehen. In jeder ganzen Zeile und in jeder Spalte darf jede Zahl von 1 bis 9 jeweils nur einmal erscheinen.
Arbeite mit Bleistift!

Mein Tipp:
- Suche die fehlenden Zahlen in einem kleinen Quadrat, schau dann, in welche Reihe und Spalte sie passen!
- Beginne mit dem kleinen Quadrat mit nur einer Lücke!

(1)

	4		7	3	1	5		
5		9	6	2	8		3	4
6		1	4		5	7		
	2			4	9	3	6	8
	1	3		8				7
8				7		4		
1	5		8	6	3		7	
		7	2	5	4	8		
3		2	9		7	6		5

(2)

a)

4			7	3		9		2
	7	5			6		3	8
	3			5	9	7		
7	4	9		8	5		2	6
8		3				5	4	7
6	5	2	3	7		8	9	1
	9			2	3			5
5	2		4		8	6		3
	6		5			2	8	

b)

9	6	2	7	5		3	8	
	7		4		2		5	6
		1			3	7	2	9
7		3				5		
	1		3	2		8		7
2		4		7	9		3	
1				4	5			8
	4	7			6	2	1	5
	2	9	8				6	

3

a)

6	8		3	5			9	
2		9			4	7	5	8
1	5		8	9		3		6
3	6	2	7		9	5	1	
8			2	4		9		3
4		1		3			2	7
7	2	8	4		5	6		
	1		6			4	7	5
	4	6		7	3		8	2

b)

	9	8			3	2		
		4	8	1	9		3	7
5	3		4	2		9		6
	2	5	3		1	8		
		7	2	9		6	5	
4	8			6	5	1	2	3
9			1		2	4		5
8		6	9		4		1	2
1	4	2		3		7		8

Mein Tipp: Probieren, probieren, ...

4 Für Mathe-Super-Stars!

a)

3	9			2	8			1
		7		1		5		
4			3		7	2	8	
					9	4		
9	6				2			7
	5	3	6	7		9	2	8
		1		8			9	2
5			2	6				4
2	7	8		4			1	

b)

4		9	5	1	2	7		3
	5		9		6	1		
1	2	3				6	9	5
5			2	8		9	4	6
2	3				9			8
	9	6	4	5	1		7	2
6		2		9	7	8		
9		5		4		2	3	
3		7	1		5		6	9

Zahl gesucht!

1 Petra denkt sich eine Zahl. Wenn sie zu dieser Zahl 35 addiert und das Ergebnis durch 4 dividiert, erhält sie 16.

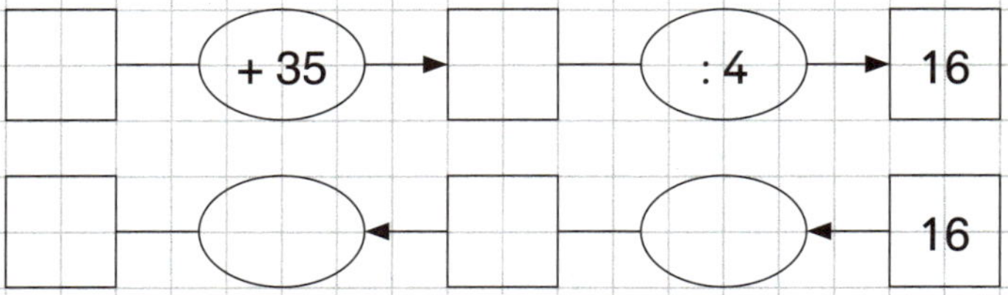

Die gesuchte Zahl heißt ____.

2 Ralf denkt sich eine andere Zahl. Wenn er diese Zahl mit 4 multipliziert und dann von dem Ergebnis 73 subtrahiert, erhält er die Hälfte von 62.

Die gesuchte Zahl heißt ____.

3 Wenn Tim von seiner Zahl 46 subtrahiert und die Differenz mit 3 multipliziert, erhält er das Doppelte von 42.

Die gesuchte Zahl heißt ____.

4 Wenn man das Doppelte einer Zahl durch 9 dividiert, erhält man die Differenz der Zahlen 111 und 99.

Die gesuchte Zahl heißt ____.

5 Wenn man das 7-Fache einer Zahl mit 8 multipliziert, erhält man die Differenz der Zahlen 418 und 250.

Die gesuchte Zahl heißt ____.

6 Dividiert man das Doppelte einer Zahl durch 12, erhält man die Hälfte aus der Differenz der Zahlen 72 und 48.

Die gesuchte Zahl heißt ____.

1. Familie Meier unternahm einen Ausflug in den Tierpark.

   a) Wie viel kostete der Eintritt für jeden? Trage die Preise ein.

   ______ ______ ______ ______ ______ ______

   b) Herr Meier bezahlte für alle mit einem 100-€-Schein.
   Wie viel Geld bekam er zurück?

   Antwort: Herr Meier bekam ______ zurück.

2. Wie oft müsste Lisa in den Tierpark gehen, damit sich der Kauf einer Jahreskarte lohnt?

   Antwort: Lisa müsste ______ in den Tierpark gehen.

3 Beim Besuch im Tierpark aß Familie Meier im Restaurant zu Mittag. Sie bestellten 3-mal Spagetti zu je 6,95 €, 2-mal Jägerschnitzel zu je 12,90 € und einen Grillteller für 14,50 €. Jeder hatte ein Getränk zu je 2,70 € und ein Eis zu je 4,95 €.
Wie viel musste Familie Meier im Restaurant bezahlen?

Antwort: Familie Meier musste ________ bezahlen.

4 Am 3. Mai wurden an einer Kasse folgende Eintrittskarten für den Tierpark verkauft:

	Erw.	Kinder	Senioren
Jahreskarten	7	0	23
Einzelkarten	108	168	96

Wie viel Geld wurde an dieser Kasse eingenommen?

Antwort: An der Kasse wurden ________ eingenommen.

1 Von den 26 Kindern der Klasse 4b in Stein können 18 Schi fahren, 11 können Snowboard fahren, 7 Kinder davon können beides. Wie viele Kinder fahren weder Schi noch Snowboard? Ergänze die Zeichnung und rechne.

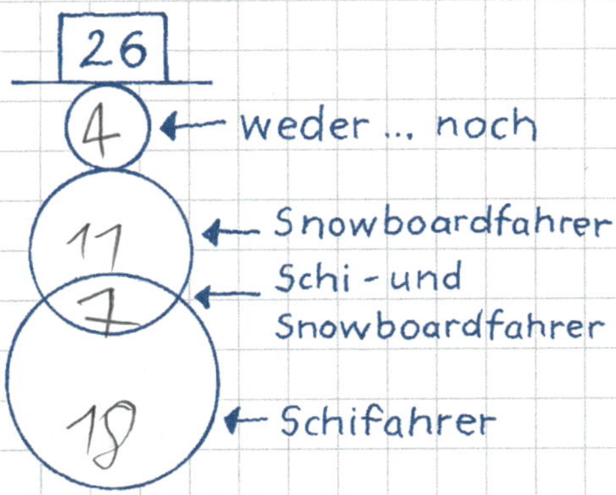

Antwort: 4 Kinder fahren weder Schi noch Snowboard.

2 Von den 42 Schülern der 4. Klassen einer Grundschule haben sich 24 für den Computerkurs und 13 für die Theatergruppe angemeldet, 8 Schüler davon haben sich für beide Kurse gemeldet. Wie viele Schüler nahmen an keinem der beiden Kurse teil?

Antwort: 13 Schüler nahmen an keinem Kurs teil.

3 Die Schüler der Klasse 4a in Immenstadt wurden nach ihren Freizeitbeschäftigungen gefragt:
13 Schüler waren in einem Sportverein, 9 Schüler spielten ein Musikinstrument, 6 Schüler davon waren im Sportverein und spielten auch ein Instrument, 5 Schüler machten keine Angaben. Wie viele Schüler wurden befragt?

Mach dir eine Skizze …

13+9-6+5

Antwort: 21 Schüler wurden befragt.

Für Mathe-Super-Stars!

4 Nach den Sommerferien erzählten die Kinder der Klasse 4c von ihrem Urlaub:
14 Kinder waren am Meer, 5 Kinder hatten eine Radtour gemacht, wobei 3 Kinder am Meer waren und eine Radtour gemacht hatten.
4 Kinder waren in den Bergen, 6 Kinder hatten die Ferien zu Hause verbracht.
Wie viele Kinder sind in der Klasse 4c?

14+5+4+6-3

Antwort: 26 Kinder sind der Klasse 4c.

Welches Teil gehört zu welchem Würfel?
Verbinde.

(1) Auf einem Tisch stehen Türme aus Spielwürfeln. Welche Zahl erhältst du, wenn du bei jedem Turm alle sichtbaren Augen zusammenzählst?

8 ___ ___ ___ ___

Bei allen Türmen siehst du die Oberseite und alle Seitenflächen.

Die Anzahl der Punkte zweier gegenüberliegender Seiten ist immer 7.

(2) Nun stehen die Würfel vor einer Wand. Wie viele Würfelaugen kannst du jetzt noch sehen?

___ ___ ___ ___

3 4 Würfel stehen als Turm in einer Zimmerecke. Welches ist die größte, welches die kleinste Anzahl, die du an Würfelaugen sehen kannst?

kleinste Augenzahl: ___ größte Augenzahl: ___

Mein Tipp: Mach dir eine Skizze.

1 Stefan, Michael und Andreas wollen zusammen Achterbahn fahren. In den Wagen der Achterbahn sind die Plätze hintereinander angeordnet.

a) Wie viele verschiedene Sitzmöglichkeiten haben die 3 Kinder?

Antwort: Es gibt ___ verschiedene Sitzmöglichkeiten.

b) Tobias möchte auch noch mitfahren.
Die Kinder steigen nun in einen Viererwagen ein.
Wie viele verschiedene Sitzmöglichkeiten haben die 4 Kinder?

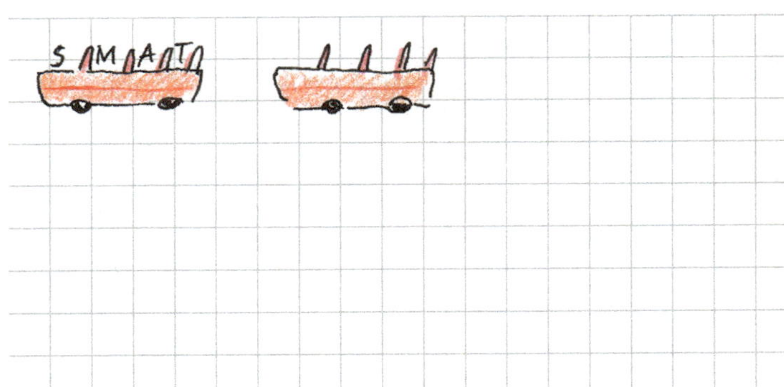

Antwort: Es gibt ___ verschiedene Sitzmöglichkeiten.

c) **Für Mathe-Super-Stars!**

Was wäre, wenn 5 Kinder in einem 5er-Wagen in der Achterbahn fahren? Wie viele verschiedene Sitzmöglichkeiten gäbe es dann?

Antwort: Es gäbe ___ verschiedene Möglichkeiten.

2 Sarah und Paulina möchten in der Eisdiele eine Waffeltüte mit drei verschiedenen Eissorten kaufen.
Sie können unter diesen 5 Sorten wählen:
Vanille, Schoko, Erdbeer, Zitrone und Nuss.

a) Wie viele verschiedene Möglichkeiten haben die Kinder?

Antwort: Sie haben ____ Möglichkeiten.

b) Beim nächsten Besuch in der Eisdiele gibt es sogar 6 Eissorten, die Sorte Pistazie ist dazugekommen.
Wie viele Möglichkeiten für eine Eiswaffel mit 3 verschiedenen Eiskugeln gibt es jetzt?

Antwort: Es gibt ____ Möglichkeiten.

(1) Thomas trainiert seine Ausdauer. Er läuft am 1. Tag 4-mal 100 m. Danach läuft er jeden Tag um die Hälfte mehr als am vorherigen Tag. Wie viele km läuft er am 5. Tag?

1. Tag	
____ m	

Antwort: Am 5. Tag läuft er ________.

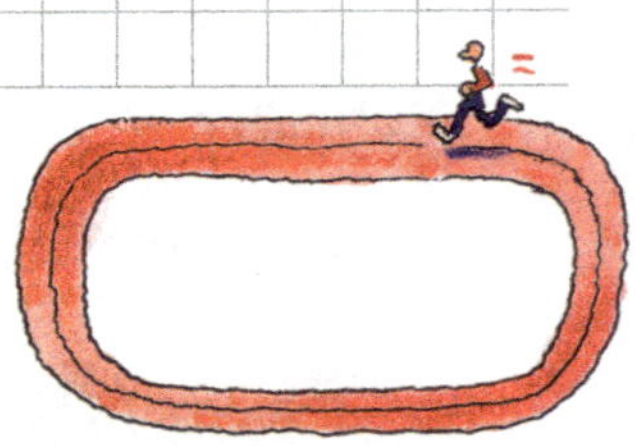

(2) Paul springt 4,15 m weit. Auf dem Mond könnte er 6-mal so weit springen, weil sein Körper dort nur den 6. Teil wiegt. Wie weit könnte Paul auf dem Mond springen?

Antwort: Auf dem Mond würde Paul ________ springen.

(3) Beim Sackhüpfen schafft Herr Moll mit einem Sprung 50 cm und braucht dazu 3 Sekunden. Stefan schafft 40 cm und braucht je Sprung 2 Sekunden. Wer ist als Erster am 8 m entfernten Ziel?

Herr Moll

50 cm	3 s

Stefan

40 cm	2 s

Antwort: ________ ist als Erster nach ______ am Ziel.

4 Rolf lässt seinen Gummiball vom Balkon fallen. Der Ball springt immer wieder halb so hoch, wie er zuvor gefallen ist.
Beim 1. Mal springt er 4,80 m hoch.

a) Aus welcher Höhe warf Rolf?

b) Wie hoch springt der Ball beim 4. Mal?

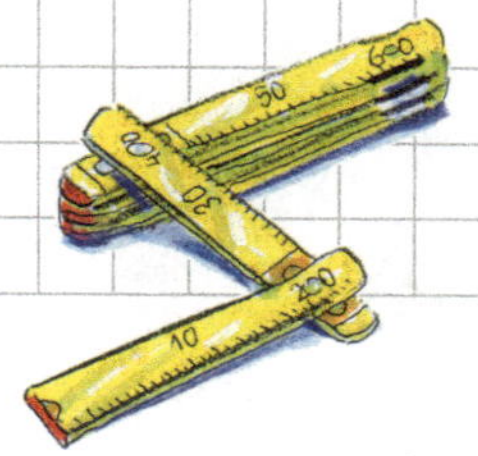

Antworten:

a) Rolf warf aus einer Höhe von ________.

b) Beim 4. Mal springt der Ball ________ hoch.

5 Tom, Susi und Bert springen zusammen 8,40 m weit. Tom springt doppelt so weit wie Susi. Bert springt wie Susi halb so weit wie Tom.

a) Wie weit springt jeder?

Antwort: Tom springt ________, Susi ________ und Bert ________ weit.

Für Mathe-Super-Stars!

b) Was wäre, wenn Bert halb so weit wie Susi springen würde?

Antwort: Tom würde ________, Susi ________ und Bert ________ springen.

1 Herr Huber hat im Internet ein Ferienhaus an der Ostsee gefunden. Dort möchte er mit seiner Frau und seiner Tochter Julia Urlaub machen.

Preis für das Haus (€ pro Tag mit Nebenkosten)

	Nebensaison	*Hauptsaison*
Bis 4 Personen	95 €	125 €
6 Personen	135 €	165 €

- zzgl. Endreinigung 45 € und Kurtaxe (2 € pro Person und Tag)
- Bettwäsche kann geliehen werden (30 € insgesamt)
- Zweite Garage 20 € insgesamt

a) Was kostet der Aufenthalt für Julias Familie, wenn sie alleine fährt?

b) Wie teuer wäre der Urlaub für Familie Huber, wenn Jonas Familie mitfährt und die Kosten gerecht geteilt werden?

Antworten:

a) Der Aufenthalt für Julias Familie kostet ________.

b) Familie Huber müsste nun ________ bezahlen.

(2) Lena (10 Jahre) und Rita (13 Jahre) werden mit ihren Eltern auf Kreta oder Mallorca Urlaub machen. Der Vater schlägt vor: „Wir werden 10-mal übernachten und uns für das billigste Angebot entscheiden.“

a) Welches Angebot ist für die Familie das günstigste und wie hoch ist der Reisepreis?

b) Wie viel kann die Familie gegenüber der teuersten Reise sparen?

Reisebüro Meeresbrise
Mallorca:
Hin- und Rückflug pro Person: 81 €
Hotel mit Vollpension:
43 € pro Pers. und Nacht,
30 € pro Kind und Nacht

Kreta:
Hin- und Rückflug für 4 Personen: 998 €
Hotel mit Vollpension:
60 € pro Person und Nacht, Kinder bis 14 Jahre übernachten kostenlos!

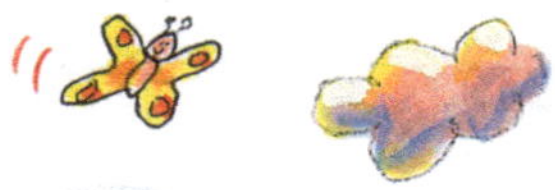

Reisebüro Sonnenschein

Kreta	**512 €**
Mallorca	**458 €**

Flug mit 10 Übernachtungen und Vollpension pro Person; Kinder bis 12 Jahre zahlen die Hälfte.

Antworten:

a) Das günstigste Angebot kostet ________.

b) Die Familie kann gegenüber der teuersten Reise ________ sparen.

① **Verbinde die Angaben mit den passenden Bildern.**

200 l	10 l	200 ml	1 l	0,5 l

② **Rechne um.**

1  enthält so viel wie 20  oder 400 

1  enthält so viel wie ____  oder ____ 

1  enthält so viel wie ____  oder ____ 

③ Hausmeister Krause hat in der Kühlung 100 l Milch in Packungen zu je 200 ml vorrätig.

a) Wie viele Milchpackungen sind das?

b) In der Pause verkauft er 75 Packungen.
Wie viel Liter Milch hat er dann noch?

Antworten:

a) Es sind ____ Milchpackungen.

b) Er hat noch ____ Milch.

4 Das Füllen eines Gartenteiches würde von 12 bis 15 Uhr dauern, da die Pumpe 90 l in der Minute einfüllt.

a) Wie viele Liter enthält der Teich?

Antwort: Der Teich enthält ________.

b) Nach 1 h 30 min geht die Pumpe kaputt.
Wie viele Liter sind bisher eingefüllt?

Antwort: Bisher sind ______ l (= ___ hl) eingefüllt.

c) Die Ersatzpumpe schafft nur 30 l in der Minute.
Um wie viel Uhr ist der Teich endgültig voll?

Antwort: Der Teich ist um _______ Uhr voll.

5 Ein überschwemmter Keller wird leergepumpt. Die eine Pumpe schafft 200 l Wasser in der Minute, die andere doppelt so viel.
Nach 80 Minuten ist der Keller leer.
Wie viele Liter Wasser waren im Keller?

Antwort: Es waren _________ l (= _____ hl) Wasser im Keller.

1 **Trage Wohnort, Hobby und Haustier in die Tabellen ein. Alle sind verschieden alt, haben unterschiedliche Hobbys und jeder lebt in einer anderen Stadt.**

Tipp: Trifft etwas zu, machst du ein „+", trifft etwas nicht zu, machst du ein „–". In jeder Spalte und Zeile darf immer nur ein „+" stehen …

	Paula	Teresa	Tim
München			
Köln			
Berlin			

	Paula	Teresa	Tim
Fußball			
Lesen			
Radfahren			

	Paula	Teresa	Tim
Hund			
Katze			
Vogel			

(2) Trage Alter, Hobby und Lieblingsgericht in die Tabellen ein.

Ich bin der Älteste und fahre nicht Snowboard.

Andi

Mein Lieblingsessen ist nicht Schnitzel und niemand ist jünger als ich.

Ich fahre Schlitten und esse am liebsten Spagetti.

Ben

Jens

Ich bin jünger als Ben, fahre Schlittschuh und esse am liebsten Hamburger.

Lena

	Andi	Ben	Jens	Lena
Ski				
Schlitten				
Snowboard				
Schlittschuh				

	Andi	Ben	Jens	Lena
9 Jahre				
11 Jahre				
12 Jahre				
14 Jahre				

	Andi	Ben	Jens	Lena
Schnitzel				
Spagetti				
Hamburger				
Pizza				

1 In einer Spielekiste sind 12 Bälle. Sie sind blau, gelb und rot. Die Anzahl der blauen Bälle ist 6-mal so groß wie die Anzahl der gelben Bälle. Wie viele rote Bälle sind in der Kiste?

Antwort: Es sind ___ rote Bälle.

2 Beim Fußballspiel zwischen Eltern und Kindern werden insgesamt 7 Tore geschossen.
Wie viele verschiedene Spielergebnisse sind möglich?

Eltern	0							
Kinder								

Antwort: Es sind ___ verschiedene Spielergebnisse möglich.

3 Klara trifft mit jedem ihrer 3 Pfeile und erreicht 12 Punkte.
Welche Zielringe könnte sie getroffen haben?

Antwort: Sie könnte ________ oder ________ oder ________ getroffen haben.

(4) Frau Schäfer kauft für ihre Klasse Traubenzuckerlutscher und die gleiche Anzahl Getränke. Von den Lutschern erhält jedes Kind 3 Stück und keiner bleibt übrig. Nachdem jedes Kind 2 Getränke bekommen hat, sind noch 25 Stück übrig.
Wie viele Kinder wurden versorgt?

Antwort: Es wurden ___ Kinder versorgt.

(5) Beim Völkerballturnier treten 4 Mannschaften an. Jede Mannschaft spielt 1-mal gegen die anderen. Wie viel Spiele sind das?

Antwort: Es sind ___ Spiele.

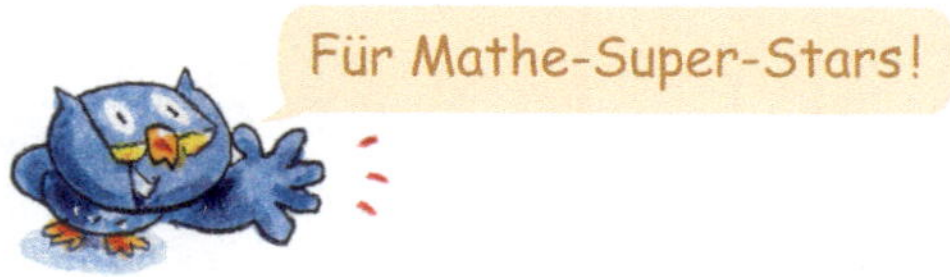

6 Beim Waldlauf gehen 21 Kinder an den Start. Welchen Platz belegte Karin, wenn hinter ihr 3-mal so viele Kinder ankamen wie vor ihr?

Antwort: Karin belegte den ___ Platz.

Vergrößern und verkleinern

Vergrößere oder verkleinere die Figuren genauso,
wie es dir das Beispiel vorgibt. Eine Ecke ist bereits markiert.

(1)

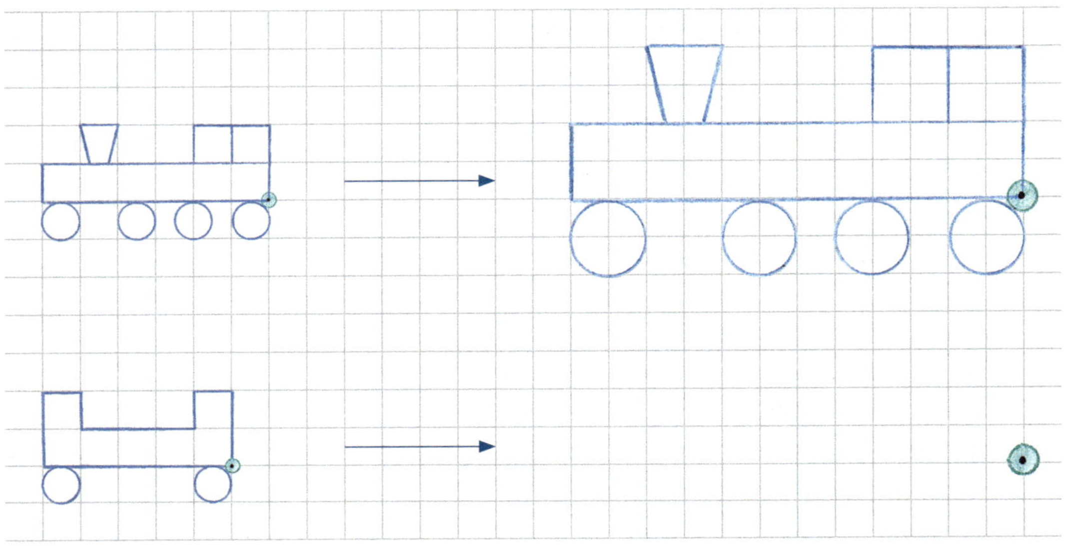

(2)

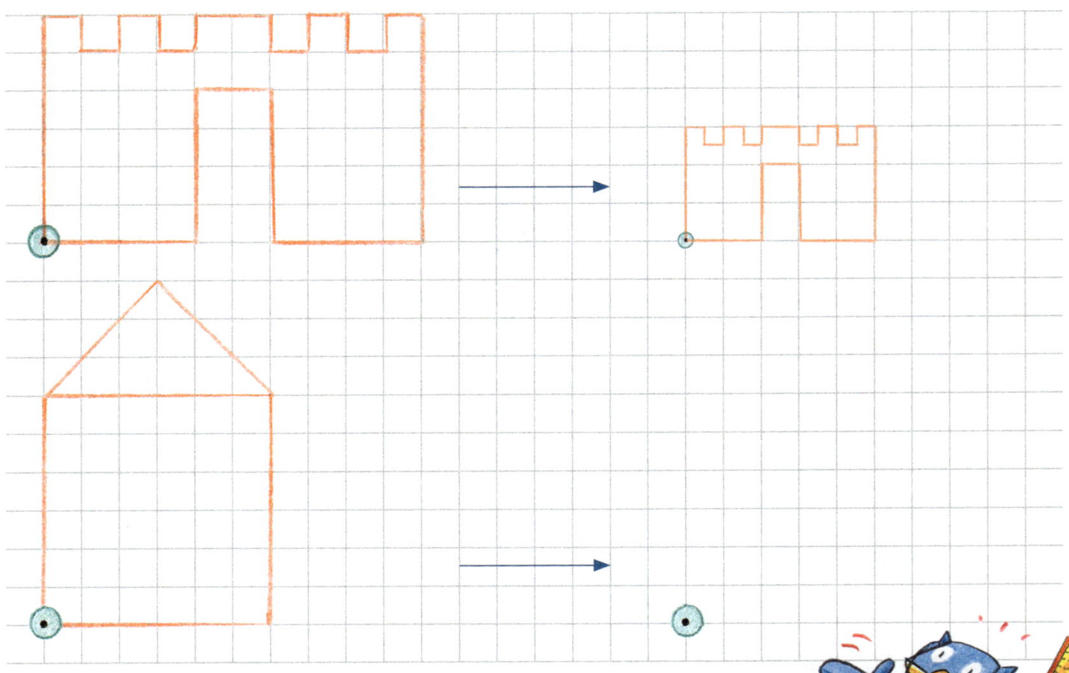

(1) 5 Kinder leeren ihre Spardosen und zählen ihr Gespartes.
Tanja hat mehr gespart als Simon, aber weniger als Anja.
Kevin hat weniger als Anja, aber mehr als Tanja.
Demir mehr als Kevin, aber weniger als Anja.

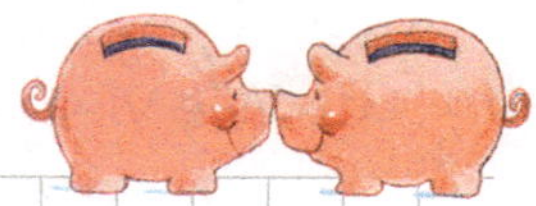

Tanja Simon Anja Demir Kevin

Ordne die Kinder nach der Höhe ihres Gesparten.
Beginne mit dem kleinsten Betrag.

(2) Frankfurt (F) hat weniger Einwohner als Köln (K), aber mehr als Stuttgart (S). München (M) hat mehr Einwohner als Köln, aber weniger als Hamburg (HH).

Ordne die Städte nach ihren Einwohnerzahlen.
Beginne mit der kleinsten Stadt.

Trage nun die Städtenamen (Abkürzungen) zu den Einwohnerzahlen ein.

580 000 Einwohner: ____ 660 000 Einwohner: ____

1 100 000 Einwohner: ____ 1 300 000 Einwohner: ____

1 700 000 Einwohner: ____

Alles in einem Jahr!

1 Ein 10-jähriges Kind soll täglich mindestens 1,5 l Flüssigkeit trinken.

a) Wie viel Liter sind das in einer Woche und in einem Jahr?

b) Wie viele Getränkekisten mit je neun 1-Liter-Flaschen wären das in einem Jahr?

Antworten:

a) In einer Woche sind es ______, in einem Jahr sind es ______.

b) Es sind ____ Getränkekisten und ____ Flaschen in einem Jahr.

2 In Deutschland isst jede Person im Durchschnitt 10,4 kg Schokolade im Jahr. Dazu gehören natürlich auch Pralinen, Schokoriegel, Osterhasen, Weihnachtsmänner usw.

a) Wie viele Tafeln Schokolade mit je 100 g wären das in einem Jahr?

b) Wie viele Tafeln Schokolade wären das pro Woche?

Antworten:

a) Es wären __________ in einem Jahr.

b) Es wären __________ in einer Woche.

3) Michael macht an jedem Schultag durchschnittlich 1 Stunde und 30 Minuten Hausaufgaben.

a) Wie viele Stunden sind das in einem Schuljahr mit 40 Schulwochen?

b) Stell dir vor, Michael könnte alle Hausaufgaben ohne Pause machen. Wie viele Tage und Stunden wären das?

Antworten:

a) Es sind ________.

b) Ohne Unterbrechung wären es ______________________.

4) Anna geht jeden Tag zu Fuß zur Schule. Sie wohnt 700 m von der Schule entfernt.
Wie viele Kilometer muss Anna in einem Schuljahr gehen, wenn sie den Weg jeden Schultag in den 40 Schulwochen einmal geht?

Antwort: Anna legt in einem Schuljahr ________ zurück.

5) Tim bekommt jede Woche 4,50 € Taschengeld. Wie viel Geld hat er nach einem Jahr, wenn er die Hälfte des Taschengeldes spart?

Antwort: Tim hat nach einem Jahr ________ gespart.

Denksport mit Eimern

An einem Brunnen stehen nur zwei Eimer.
Der eine hat einen Inhalt von 3 Litern,
der andere von 5 Litern.

a) Wie lassen sich genau 2 Liter abmessen?

b) Wie kannst du genau einen Liter abmessen?

c) Wie bekommt man genau 4 Liter zusammen?

d) Wenn du noch ein weiteres großes Gefäß hast, kannst du die 4 Liter auch noch anders abmessen. Weißt du auch den zweiten Weg?